시리아
Syria

싱가포르
Singapore

아랍에미리트
United Arab Emirates

아루바
Aruba

아르헨티나
Argentine

아이슬란드
Iceland

아일랜드
Ireland

영국
United Kingdom(UK)

에티오피아
Ethiopia

에스토니아
Estonia

우루과이
Uruguay

우크라이나
Ukraine

오만
Oman

오스트레일리아
Australia

오스트리아
Austria

요르단
Jordan

온두라스
Honduras

이라크
Iraq

이스라엘
Israel

인도
India

이란
Iran

이집트
Egypt

이탈리아
Italy

인도네시아
Indonesia

일본
Japan

자메이카
Jamaica

중국
China

중앙아프리카 공화국
Central African Republic

조지아
Georgia

차드
Chad

체코
Czech

칠레
Chile

키리바시
Kiribati

키르기스스탄
Kyrgyzstan

카자흐스탄
Kazakhstan

카탈로니아
Catalonia

캄보디아
Cambodia

캐나다
Canada

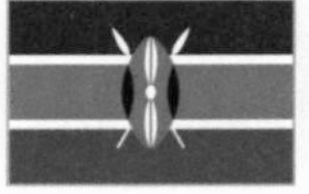
케냐
Kenya

쿠바
Cuba

쿠웨이트
Kuwait

크로아티아
Croatia

타지키스탄
Tajikistan

탄자니아
Tanzania

태국
Thailand

터키
Turkey

튀니지
Tunisia

토고
Togo

통가
Tonga

파나마
Panama

파키스탄
Pakistan

팔라우
Palau

페루
Peru

포르투갈
Portugal

폴란드
Poland

프랑스
France

핀란드
Finland

필리핀
Philippines

헝가리
Hungary

홍콩
Hong Kong

내가 쓴 성경전서 손글씨

내가 쓴
성경전서
손글씨

Bible
Handwriting

들어가는 말

계1:1~3 **"예수 그리스도의 계시라 이는 하나님이 그에게 주사 반드시 속히 일어날 일들을 그 종들에게 보이시려고 그 천사를 그 종 요한에게 보내어 알게 하신 것이라 요한은 하나님의 말씀과 예수그리스도의 증거 곧 자기가 본 것을 다 증언하였느니라 이 예언의 말씀을 읽는 자와 듣는 자와 그 가운데에 기록한 것을 지키는 자는 복이 있나니 때가 가까움이라"**

성경 필사는 하나님의 영의 말씀을 받아 적는다고 말할 수 있다. 말씀이 육신이 되어 이 땅에 오신 예수님의 계시의 말씀인 것이기 때문이다.

성경 말씀 시작의 첫 단어 '태초'라는 말씀 한 마디만 써도 심장의 두근거림과 가슴이 벅차옴으로 다가온다. 이처럼 경의 말씀인 성경을 받아 적는다는 것은 영적생활에 적지 않은 도움이 된다는 사실은 그동안 이미 써 오신 분들에게서 쉽게 들을 수 있는 말이다.

'성경전서인 성경과 성서'

성경의 저자이신 삼위일체 하나님께서 법으로 정해 놓으신 말씀을 사람이 옮겨 기록한 것이 성경이다. 좀 어려운 표현일 수 있으나 성경을 엄밀히 분류한다면 '성경전서' 즉 '성경'과 '성서'로 구분할 수 있다.

'성경은 거룩한 말씀이란 뜻이고 성서는 거룩한 글이라는 말이다.' 성경은 성부, 성자 하나님의 입으로 직접 말씀하신 '모세오경과 4복음서'를 말한다. 성서는 성경을 표본으로 하나님을 경험한 사실들을 성령의 감동을 따라 성경을 증명해보이며 기록한 것이다.

벧후1:21 **"예언은 언제든지 사람의 뜻으로 낸 것이 아니요 오직 성령의 감동하심을 입은 사람들이 하나님께 받아 말한 것이라"**

'대한성서공회'에서는 성경 원문 저작권을 수입해 한글로 번역하였고 '구약전서', '신약전서'를 합해 '성경전서'라고 표기하였다. 쉽게 설명하자면 성경은 교과서이고 성서는 자습서인 셈이다. 자습서인 성서는 교과서인 성경을 벗어날 수 없다. 성서는 경의 말씀인 교과서(성경)가 기준이 되어야 하고 우리에게 주어진 '정경 66권'외에 어떤 것도 들어올 수 없고 혼합되어서도 안 된다.

이렇게 교과서와 자습서가 같이 주어지듯, '성경전서'는 성경과 성서가 조합을 이루어 하나님의 말씀인 성경을 보다 더 확실하게 믿고 실천하게 도와준다.

구약이 예수님이 오시는 길이라면 신약은 복음, 곧 예수그리스도이다.' 따라서 신,구약 전체의 주제는 바로 '예수그리스도'인 것이다.

때문에 성경 필사자는 성경 어디를 필사해도 거기에는 예수님의 십자가가 보이고, 예수 피가 보이고, 그 피로 자신의 영혼이 적셔져야 되고, 그 피로 나를 구원하신 예수님만 보여져야한다. 예수님이 보여질 때 우리의 죄가 드러나게 되고 그 죄를 예수 보혈의 피 앞에 내려놓고 철저한 회개로 속죄함 받아 그 구속의 은총으로 천국백성이 되는 것이다.

이 성경전서 쓰기를 통하여 성경에서 보이는 완전하시고 온전하신 하나님을 더욱 깊이 경험 되는 유익한 성경필사가 되기를 원하며 자손대대에 기억되고 보존되는 소중한 성경필사본이 되기를 기대한다.

쓰기 사용 안내

성경 제목을
기입합니다.

성경 필사 한 날짜를
기록합니다.

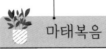

마태복음

2022 년 2 월 22 일

장과 절을
표기합니다.

[추천]
장은 1절과
함께 표기하고
2절부터는
장을 생략하는 것이
보기에 깔끔합니다.

10 / 1 예수께서 그의 열두 제자를 부르사 더러운 귀신을 쫓아내며 모든 병과 모든 약한 것을
고치는 권능을 주시니라
2 열두 사도의 이름은 이러하니 베드로라 하는 시몬을 비롯하여 그의 형제 안드레와
세베대의 아들 야고보와 그의 형제 요한,
3 빌립과 바돌로매, 도마와 세리 마태, 알패오의 아들 야고보와 다대오,
4 가나나인 시몬 및 가룟 유다 곧 예수를 판 자라
5 예수께서 이 열둘을 내보내시며 명하여 이르시되 이방인의 길로도 가지 말고 사마리아인의
고을에도 들어가지 말고
6 오히려 이스라엘 집의 잃어버린 양에게로 가라
7 가면서 전파하여 말하되 천국이 가까이 왔다 하고
8 병든 자를 고치며 죽은 자를 살리며 나병환자를 깨끗하게 하며 귀신을 쫓아내되 너희가
거저 받았으니 거저 주라
9 너희 전대에 금이나 은이나 동을 가지지 말고
10 여행을 위하여 배낭이나 두 벌 옷이나 신이나 지팡이를 가지지 말라 이는 일꾼이 자기의
먹을 것 받는 것이 마땅함이라
11 어떤 성이나 마을에 들어가든지 그 중에 합당한 자를 찾아내어 너희가 떠나기까지
거기서 머물라
12 또 그 집에 들어가면서 평안하기를 빌라
13 그 집이 이에 합당하면 너희 빈 평안이 거기 임할 것이요 만일 합당하지 아니하면
그 평안이 너희에게 돌아올 것이니라
14 누구든지 너희를 영접하지도 아니하고 너희 말을 듣지도 아니하거든 그 집이나 성에서
나가 너희 발의 먼지를 떨어 버리라
15 내가 진실로 너희에게 이르노니 심판 날에 소돔과 고모라 땅이 그 성보다 견디기 쉬우리라
16 보라 내가 너희를 보냄이 양을 이리 가운데로 보냄과 같도다 그러므로 너희는 뱀 같이
지혜롭고 비둘기 같이 순결하라
17 사람들을 삼가라 그들이 너희를 공회에 넘겨 주겠고 그들의 회당에서 채찍질하리라

No. 77

페이지를
기입합니다.

내가 쓴 성경전서 손글씨

금장

Bible Handwriting

가나북스

년 월 일

년 월 일

년 월 일

년 월 일

년 월 일

년 월 일

년 월 일

년 월 일

( ) 내 가 / 쓴 / 성 경 전 서 / 손 글 씨

년 월 일

년 월 일

( ) 내 가 / 쓴 / 성 경 전 서 / 손 글 씨

년 월 일

년 월 일

년 월 일

년 월 일

년 월 일

년 월 일

년 월 일

년 월 일

년 월 일

년 월 일

년 월 일

( ) 내 가 / 쓴 / 성 경 전 서 / 손 글 씨

년 월 일

년 월 일

( ) 내 가 / 쓴 / 성 경 전 서 / 손 글 씨

년 월 일

년 월 일

( ) 내 가 / 쓴 / 성 경 전 서 / 손 글 씨

년 월 일

년 월 일

년 월 일

년 월 일

(　　　) 내 가 / 쓴 / 성 경 전 서 / 손 글 씨

년 월 일

( ) 내 가 / 쓴 / 성 경 전 서 / 손 글 씨

년 월 일

년 월 일

년 월 일

년 월 일

년 월 일

년 월 일

년 월 일

( ) 내 가 / 쓴 / 성 경 전 서 / 손 글 씨

년 월 일

년 월 일

년 월 일

년 월 일

년 월 일

년 월 일

년 월 일

년 월 일

년 월 일

년 월 일

년 월 일

년 월 일

년 월 일

년 월 일

년 월 일

년 월 일

년 월 일

년 월 일

년 월 일

년 월 일

년 월 일

년 월 일

년 월 일

년 월 일

( ) 내 가 / 쓴 / 성 경 전 서 / 손 글 씨

년 월 일

년 월 일

년 월 일

년 월 일

( ) 내 가 / 쓴 / 성 경 전 서 / 손 글 씨

년 월 일

년 월 일

년 월 일

( ) 내 가 / 쓴 / 성 경 전 서 / 손 글 씨

년 월 일

( ) 내 가 / 쓴 / 성 경 전 서 / 손 글 씨

년 월 일

년 월 일

( ) 내 가 / 쓴 / 성 경 전 서 / 손 글 씨

년 월 일

년 월 일

년 월 일

년 월 일

년 월 일

년 월 일

년 월 일

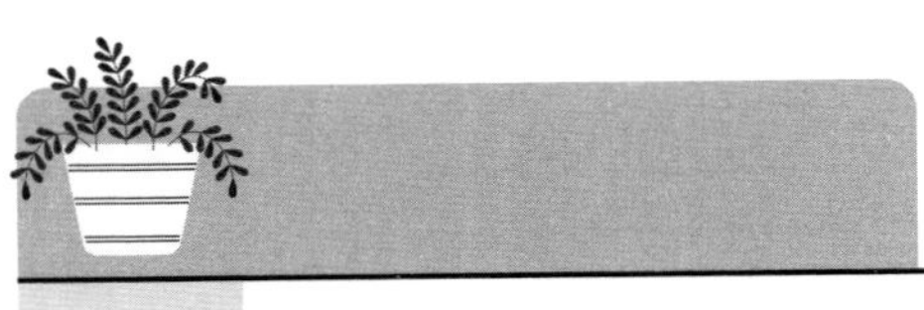

년 월 일

년 월 일

년 월 일

년 월 일

년 월 일

년 월 일

년 월 일

년 월 일

년 월 일

년 월 일

년 월 일

( ) 내 가 / 쓴 / 성 경 전 서 / 손 글 씨

년 월 일

년 월 일

년 월 일

년 월 일

년 월 일

년 월 일

년 월 일

년 월 일

년 월 일

년 월 일

년 월 일

년 월 일

년 월 일

년 월 일

년 월 일

년 월 일

년 월 일

년 월 일

년 월 일

년 월 일

년 월 일

년 월 일

년 월 일

년 월 일

년 월 일

년 월 일

년 월 일

년 월 일

( ) 내 가 / 쓴 / 성 경 전 서 / 손 글 씨

년 월 일

년 월 일

년 월 일

년 월 일

년 월 일

( ) 내 가 / 쓴 / 성 경 전 서 / 손 글 씨

년 월 일

년 월 일

년 월 일

년 월 일

년 월 일

년 월 일

년 월 일

년 월 일

( ) 내 가 / 쓴 / 성 경 전 서 / 손 글 씨

년 월 일

년 월 일

년 월 일

년 월 일

년 월 일

년 월 일

년 월 일

( ) 내 가 / 쓴 / 성 경 전 서 / 손 글 씨

년 월 일

년 월 일

년 월 일

년 월 일

( ) 내 가 / 쓴 / 성 경 전 서 / 손 글 씨

년 월 일

년 월 일

년 월 일

년 월 일

년 월 일

년 월 일

년 월 일

년 월 일

년 월 일

년 월 일

년 월 일

년 월 일

( ) 내 가 / 쓴 / 성 경 전 서 / 손 글 씨

년 월 일

년 월 일

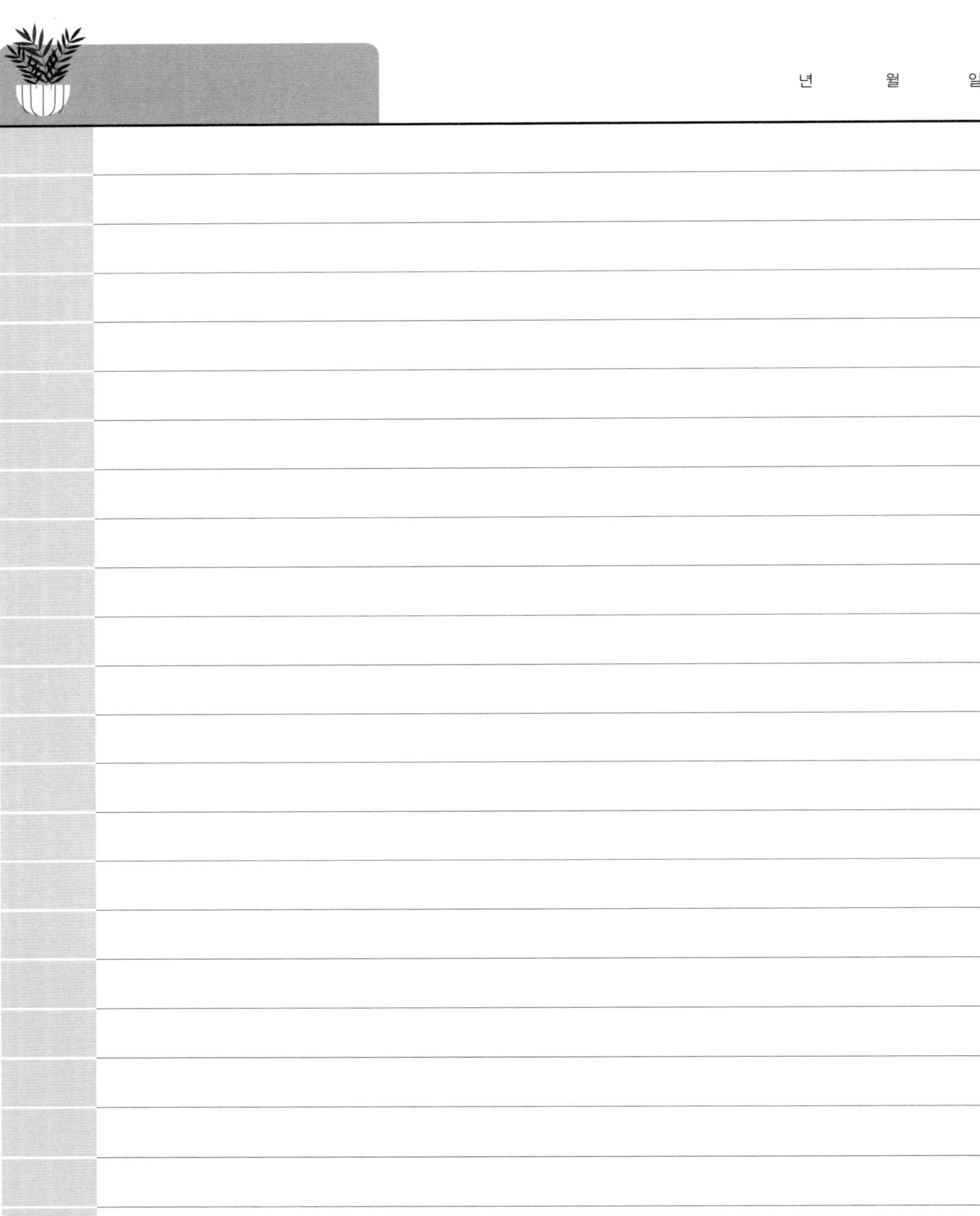

( ) 내가 / 쓴 / 성경전서 / 손글씨

년 월 일

년 월 일

년　　월　　일

년 월 일

년 월 일

년 월 일

년 월 일

년 월 일

년 월 일

년 월 일

년 월 일

년 월 일

( ) 내 가 / 쓴 / 성 경 전 서 / 손 글 씨

년 월 일

년 월 일

년 월 일

( ) 내 가 / 쓴 / 성 경 전 서 / 손 글 씨

년 월 일

년 월 일

년 월 일

년 월 일

년 월 일

( ) 내 가 / 쓴 / 성 경 전 서 / 손 글 씨

년 월 일

( ) 내 가 / 쓴 / 성 경 전 서 / 손 글 씨

년 월 일

년 월 일

년 월 일

년 월 일

( ) 내 가 / 쓴 / 성 경 전 서 / 손 글 씨

년 월 일

년 월 일

년 월 일

년 월 일

년 월 일

년 월 일

년 월 일

년 월 일

년 월 일

( ) 내 가 / 쓴 / 성 경 전 서 / 손 글 씨

년 월 일

년 월 일

년 월 일

년 월 일

년 월 일

년 월 일

( ) 내 가 / 쓴 / 성 경 전 서 / 손 글 씨

년 월 일

년 월 일

년 월 일

년 월 일

년 월 일

( ) 내 가 / 쓴 / 성 경 전 서 / 손 글 씨

년 월 일

년 월 일

년 월 일

년 월 일

( ) 내 가 / 쓴 / 성 경 전 서 / 손 글 씨

년 월 일

년 월 일

( ) 내 가 / 쓴 / 성 경 전 서 / 손 글 씨

년 월 일

년 월 일

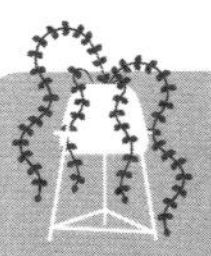

년 월 일

년 월 일

( ) 내 가 / 쓴 / 성 경 전 서 / 손 글 씨

년 월 일

년 월 일

년 월 일

년 월 일

( ) 내 가 / 쓴 / 성 경 전 서 / 손 글 씨

년 월 일

년 월 일

년 월 일

년 월 일

년 월 일

년 월 일

( ) 내 가 / 쓴 / 성 경 전 서 / 손 글 씨

년 월 일

년 월 일

년 월 일

년 월 일

년 월 일

년 월 일

년 월 일

년 월 일

년 월 일

년 월 일

( ) 내 가 / 쓴 / 성 경 전 서 / 손 글 씨

년 월 일

( ) 내 가 / 쓴 / 성 경 전 서 / 손 글 씨

년 월 일

년 월 일

년 월 일

년 월 일

( ) 내 가 / 쓴 / 성 경 전 서 / 손 글 씨

년 월 일

년 월 일

( ) 내 가 / 쓴 / 성 경 전 서 / 손 글 씨

년 월 일

년 월 일

년 월 일

( ) 내 가 / 쓴 / 성 경 전 서 / 손 글 씨

년 월 일

년 월 일

년 월 일

년 월 일

년 월 일

년 월 일

년 월 일

( ) 내 가 / 쓴 / 성 경 전 서 / 손 글 씨

년 월 일

년 월 일

년 월 일

년 월 일

년 월 일

( ) 내 가 / 쓴 / 성 경 전 서 / 손 글 씨

년 월 일

년 월 일

년 월 일

년 월 일

( ) 내 가 / 쓴 / 성 경 전 서 / 손 글 씨

년 월 일

년 월 일

년 월 일

년 월 일

년 월 일

년 월 일

년 월 일

년 월 일

년 월 일

년 월 일

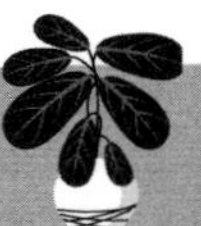

년 월 일

년 월 일

년 월 일

년 월 일

년 월 일

( ) 내 가 / 쓴 / 성 경 전 서 / 손 글 씨

년 월 일

년 월 일

년 월 일

년 월 일

년 월 일

년 월 일

년 월 일

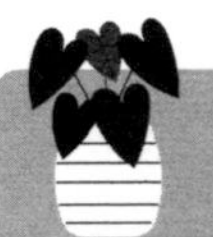

년 월 일

년 월 일

( ) 내 가 / 쓴 / 성 경 전 서 / 손 글 씨

년 월 일

년 월 일

년 월 일

년 월 일

년 월 일

년 월 일

( ) 내 가 / 쓴 / 성 경 전 서 / 손 글 씨

년 월 일

년 월 일

( ) 내 가 / 쓴 / 성 경 전 서 / 손 글 씨

년 월 일

년 월 일

년 월 일

년 월 일

년 월 일

년 월 일

년 월 일

년 월 일

( ) 내 가 / 쓴 / 성 경 전 서 / 손 글 씨

년 월 일

년 월 일

년 월 일

년 월 일

( ) 내 가 / 쓴 / 성 경 전 서 / 손 글 씨

년 월 일

( ) 내 가 / 쓴 / 성 경 전 서 / 손 글 씨

년 월 일

년 월 일

( ) 내 가 / 쓴 / 성 경 전 서 / 손 글 씨

년 월 일

유럽
Europe

아시아
Asia

인도양
Indian Ocean

아프리카
Africa

오세아니아
Oceania